গীতা শ্রীনিবাস
গীता श्रीनिवास
Geeta Shreeniwas

শরায়ণ (শ্রীনিবাস শীলবন্ত রাউত)
शरायन (श्रीनिवास शीलवंत राऊत)
Sharāyan (Shreeniwas Sheelawant Raut)

ISBN 979-8-89002-955-3

কৃতজ্ঞতা:

যারা তাদের নিজস্ব ভাষায় অনুবাদ করতে সাহায্য করেছেন তাদের (সিনিয়র, সহকর্মী, জুনিয়র, বন্ধু এবং অন্যান্য শুভাকাঙ্ক্ষীদের) অনেক ধন্যবাদ।

कृतज्ञता:

उन सभी (वरिष्ठ, सहकर्मियों, कनिष्ठों, मित्रों और अन्य शुभचिंतकों) को बहुत-बहुत धन्यवाद जिन्होंने अपनी भाषा में अनुवाद करने में मदद की।

Gratitude:

Many Thanks to all those (seniors, colleagues, juniors, friends and other well wishers) who helped in translating in their own language.

সংক্ষেপে...

শরায়ণ (কলম নাম/উপনাম), ডাঃ শ্রীনিবাস শীলাবন্ত রাউত প্রতিদিনের রুটিন লাইফে অবরুদ্ধ হয়ে পড়ে। তিনি বিভ্রান্তি এবং ভুল বোঝাবুঝি দ্বারা পরিবেষ্টিত হয়। তিনি অনুভব করেন যে তিনি সঠিক শব্দের সাথে যোগাযোগ করতে অক্ষম, সঠিক কর্মের সাথে এগিয়ে যেতে অক্ষম, সঠিক লোকেদের বোঝাতে অক্ষম। এখানে তিনি অর্জুন এবং কৃষ্ণ উভয়কেই দেখতে পান। তিনি তাদের কথোপকথন সংস্কৃতে তুলে ধরেন যা স্থানীয় ভাষায় বোঝানো কঠিন। সাধারণ মানুষের জন্য, এটি হয় ব্যাপক বা জটিল। তিনি এটিকে সংক্ষিপ্ত সহজ কাব্যিক মারাঠিতে রূপান্তরিত করেন, যাতে কেউ এটি প্রতিদিন পড়তে সক্ষম হয়। তখন সে ভাবে, অনেকেই আসলে হিন্দি জানে আর পৃথিবীর বেশিরভাগ মানুষই ইংরেজি জানে। কিন্তু মানুষ নিজের মাতৃভাষায় পড়তে পছন্দ করে। এইভাবে জিনিসগুলি অনুপ্রেরণা, প্রবাহ এবং আবেগপূর্ণ ভালবাসার সাথে যায়। যেমন মহাকালী, সরস্বতী এবং শ্রীলক্ষ্মী।

सारांश में...

शरायन (उपनाम), डॉ. श्रीनिवास शीलवंत राऊत रोज़मर्रा के जीवन में अवरुद्ध हो जाता हैं। वह भ्रम और गलतफहमियों से घिर जाता है। उसे लगता है कि वह सही शब्दों के साथ संवाद करने में असमर्थ है, सही कार्यों के साथ आगे बढ़ने में असमर्थ है, सही लोगों को मनाने में असमर्थ है। यहां उसकी मुलाकात अर्जुन और कृष्ण दोनों से होती है। संस्कृत में हुई बातचीत व्यापकता या जटिलता के कारण स्थानीय भाषा में व्यक्त करना कठिन है। वह संक्षिप्त सरल काव्यात्मक मराठी में रुपांतर करता है, ताकि कोई इसे दैनिक रूपसे पढ़ सके। फिर वह सोचता है, वास्तव में बहुत से लोग हिंदी जानते हैं और दुनिया के अधिकांश लोग अंग्रेजी जानते हैं। लेकिन लोग अपनी मातृभाषा में पढ़ना पसंद करते हैं। इस प्रकार चीजें प्रेरणा, प्रवाह और भावुक प्रेम के साथ चलती हैं। जैसे की, महाकाली, सरस्वती और श्री लक्ष्मी।

In short...

Sharāyan (pen name/sub name), Dr. Shreeniwas Sheelawant Raut gets blocked in day to day routine life. He gets surrounded by confusion and misunderstandings. He feels that he is unable to communicate with right words, unable to proceed with right actions, unable to convince right people. Here he comes across Arjuna and Krishna both. He picks up their conversation in Sanskrit which is difficult to convey in local language. For layman, it is either extensive or complex. He transforms it in concise simple poetic Marathi, so that someone is able to read it daily. Then he thinks, many people actually know hindi and most of world knows english. But people prefer to read in own mothertongue. Thus things go with inspiration, flow, and passionate love. Just like Mahakali, Saraswati and Sri Lakshmi.

মুখবন্ধ/ভূমিকা...

আপনার মধ্যে অর্জুন, কি করা উচিত এবং কি করা উচিত নয় তা নিয়ে অনেক সময় বিভ্রান্ত। সে জানে না কোনটা সঠিক আর কোনটা বেঠিক। এটা শুধু এই কারণে যে, অর্জুন জানেন না যে কৃষ্ণ তার মধ্যে আছেন। তিনি কৃষ্ণকে খুঁজছেন সর্বত্র। ওইটাই তো সমস্যা।

অধিকাংশ লোকের কাছে ভগবতগীতার একটি সংস্করণ রয়েছে। অনেকে এটিকে পাঠ না করে পবিত্র গ্রন্থ হিসাবে পূজা করে। তারা সাধারণত এর আকার এবং জটিলতা নিয়ে চিন্তিত। কেউ কেউ একবার পড়তে পারে কিন্তু ইচ্ছা থাকলেও পুনরাবৃত্তি করতে পারে না। এটা শুধু সময়ের অভাবের কারণে। এটি চায়ের সময়ও পাঠযোগ্য, আনন্দের সময় উপহারযোগ্য এবং ভ্রমণের সময় বহনযোগ্য করার প্রয়াস। প্রেমের ঈশ্বর অনেক বেশি জ্ঞান ও প্রজ্ঞার দেবতা। তাকে দান, উপবাস বা তপস্যা দিয়ে অর্জন করা যায় না।

মহাকালী, সরস্বতী এবং শ্রীলক্ষ্মীকে ধন্যবাদ, যাঁকে ছাড়া আমি আমার কথাকে রূপান্তর করতে পারতাম না।

শরায়ণ/শ্রী-নিবাস

प्रस्तावना...

आप के भीतर का अर्जुन कई बार इस बात को लेकर असमंजस में रहता है कि क्या करें और क्या न करें। वह नहीं जानता कि क्या सही है और क्या गलत। यह सिर्फ इसलिए है क्योंकि अर्जुन नहीं जानता कि कृष्ण उसके भीतर हैं। वह हर जगह कृष्ण को ढूंढ रहा है। यही समस्या है।

अधिकांश लोगों के पास भगवद्गीता का एक संस्करण होता है। कई लोग इसे पढ़ने के बजाय इसे एक पवित्र पुस्तक के रूप में पूजते हैं। वे आमतौर पर इसके आकार और जटिलता को लेकर चिंतित रहते हैं। कुछ लोग एक बार पढ़ तो लेते हैं, लेकिन चाहकर भी दोहरा नहीं पाते, केवल समय की कमी के कारण। यह चाय के समय भी पढ़ने योग्य, खुशी के समय उपहार देने योग्य और यात्रा के समय वहनीय बनाने का प्रयास है। प्रेम का परमेश्वर कहीं अधिक ज्ञान और बुद्धि का देवता है। वह दान, व्रत या तप से प्राप्त नहीं हो सकता।

महाकाली, सरस्वती और श्री लक्ष्मी को धन्यवाद, जिनके बिना मैं संरेखित नहीं कर सकता था।

शरायन/श्री-निवास

Preface...

Arjuna within you is many times confused about what to do and what not to do. He does not know what is right and what is wrong. This is just because, Arjuna does not know that Krishna is within him. He is searching Krishna everywhere else. That is the problem.

Most people have a version of Bhagwatgeeta with them. Many worship it as a holy book rather than reading it. They are generally worried about its size and complexity. A few manage to read once but can't repeat even if they are willing, just because of lack of time. This is an attempt to make it readable even during tea time, giftable during happiness, and carriable during travel time. God of love is far more god of knowledge and wisdom. He cannot be achieved with donation, fasting or penance.

Thanks to Mahakali, Saraswati and Sri Lakshmi, without whom I couldn't align.

Sharāyan / Shree-niwas

সমর্পন/উৎসর্গ/সমর্পণ/Dedication...

যে আমার মধ্যে বাস করে তার কাছে,

মায়ার কারণে আমাকে চেনে না,

কেউ হারিয়ে যায় পুনর্জন্মে,

কেউ প্রকাশ করে।

কিন্তু প্রেম সব বাধা অতিক্রম করে...

किसी के लिए जो मुझमें रहता है।

माया के कारण मुझे नहीं जानता है।

कोई समय के आगोश में खो जाता है।

कोई रहस्योद्घाटन कर देता है।

लेकिन प्रेम सभी बाधाए पार कर जाता है...

To someone who lives in me,

Due to illusion doesn't know me,

Someone is lost in reincarnation,

Someone makes revelation.

But love crosses all hurdles…

শরায়ন/शरायन/Sharāyan

শ্রী-নিবাস/श्री-निवास/Shree-Niwas

মহাকালীর অন্তর্দৃষ্টিতে, সরস্বতীর কৃপায়,

শ্রীলক্ষ্মীর সাহায্য এবং শ্রীনিবাসের বিশ্বাসে।

যারা গীতা পড়েছেন তাদের জন্য এটি একটি সংক্ষিপ্ত
সারাংশ মাত্র,

যারা গীতা পড়েননি তাদের জন্য এটি একটি শুরু। [১]

অর্জুন বলল,

আমি রাজত্ব চাই না, যুদ্ধ চাই না,

আমি বিজয় ও রক্তপাত চাই না, আমি এর জন্য নই।

সে আমার ভাই, সে আমার আত্মীয়,

সে আমার বন্ধু, আমি আত্মসমর্পণ করতে লজ্জিত নই। [২]

রক্ত ঝরিয়ে কি লাভ হবে?,

আমি দেখছি সবাই কাদা-মাংসে পরিণত হচ্ছে।

আমার হাত পা কাঁপছে।

আমি আমার অস্ত্র পরিত্যাগ করে মাঝখানে দাঁড়িয়ে আছি। [৩]

শ্রীকৃষ্ণ বললেন,

যুদ্ধের ময়দানে অস্থির কেন?

তোমার কণ্ঠে দুঃখ কেন?

যে শরীরকে তুমি চিরন্তন মনে কর তা কি?

এটা কি তোমার দুর্বলতা যা তোমাকে স্থির হতে দেয় না? [৪]

মায়া ও অহংকার ত্যাগ করুন।

আমি যে সবার দেহে বাস করি, আমি কখনই মরব না।

তুমি নিজেকে বাইরের দেহ হিসাবে দেখতে পারো।

কিন্তু তুমি যদি চোখ খুলে দেখো আমি তোমার ভিতরেও লুকিয়ে আছি। [৫]

আমি সেই একজন যাকে তোমার জানা উচিত।

আমি চিরন্তন, যে পৃথিবীর খেলা চালায়।

আমি ভিতরে এবং বাইরে, উপরে এবং নীচে।

হেরে যাওয়া মনের মত চিন্তা করা বন্ধ করুন। [৬]

মানুষ কখনই সম্পূর্ণরূপে ধ্বংস হয় না।

সে শুধু চোখের আড়াল হয়ে যায়।

শরীর দিয়ে সে দৃশ্যমান। শরীর ছাড়া সে অদৃশ্য।

শৈশব, যৌবন, বার্ধক্য। মানুষের কান্না উচিত নয়।

তাপ এবং ঠান্ডা চিরকালের নয়।

একই দুঃখ এবং আনন্দ চিরস্থায়ী নয়। [৭]

শরীর একটি পোশাক। আত্মা একজন ভ্রমণকারী।

আত্মা জলে ভিজে না। এটা বাতাসে শুকিয়ে যায় না।

অস্ত্র দিয়ে ভাঙে না। আগুনে পুড়ে যায় না।

এটি চূড়ান্ত জ্ঞান এবং অধ্যয়নের শেষ।

আপনার দায়িত্ব পালন করুন।

বিনিময়ে কিছু আশা করবেন না। [৮]

একজন কর্তব্যপরায়ণ মানুষ পুণ্য বা পাপ উভয় ক্ষেত্রেই সমান প্রকৃতির।

তিনি সর্বদা প্রেম, ভয় এবং ক্রোধে অবিচল থাকেন।

তিনি যে কোন অবস্থায় সর্বদা শান্তিপূর্ণ এবং স্থিতিশীল।

ইন্দ্রিয় দ্বারা সংযুক্তি শুরু হয়।

বাধা রাগ শুরু করে এবং তারপর বুদ্ধি ধ্বংস করে। [৯]

একজন কর্তব্যপরায়ণ (কর্মযোগী) রাতেও জেগে থাকেন।

সন্দেহ উদ্বিগ্ন করে, বিশ্বাস আনন্দ দেয়।

বাসনা, স্নেহ, অভিমান ত্যাগ কর।

সংযম আবেগকে দূরে সরিয়ে দেয়। [১০]

সমস্ত সন্দেহ ত্যাগ করুন, নিয়মিত কাজ চালিয়ে যান।

কোন কিছুই চিরস্থায়ী নয়, সময় সবসময় পরিবর্তন হবে।

কিছু কাজ স্বাভাবিক, তবুও কেউ মনে করে দোষ।

দোষ দিয়েই সবকিছু শুরু হয়, আগুনের ধোঁয়ার মতো। [১১]

মন শক্তিশালী। ইন্দ্রিয় আরও শক্তিশালী।

সচেতন আত্মনিয়ন্ত্রণ মনের শান্তি দীর্ঘস্থায়ী করে।

পাপ বিশ্বাসকে হত্যা করে।

আমি বিশ্বাস পুনর্জীবিত করি।

আমি সবসময় অন্যায়ের অবসান ঘটাতে আসি।

আমার কারণেই ভদ্রলোকেরা বেঁচে আছেন। [১২]

আমি প্রথমেই মহান সূর্যকে বললাম।

পরে তিনি মানুষকে (মনু) বললেন।

সত্য চিরন্তন। সবাই জানতে পারে।

যখন আপনি আপনার কর্ম সমর্পণ করেন,

এটি আপনাকে সন্তুষ্ট করে।

যখন লালসা ভেঙ্গে যায়, তখন প্রজ্ঞা রাজত্ব করে। [১৩]

কর্তব্যনিষ্ঠা (কর্মযোগ) সহ, আপনি কর্ম ত্যাগ করুন।

আপনি যদি কিছুই না করেন তবে আপনি কিছুই পাবেন না।

পদ্ম পাতা কখনো জলে ভিজে না।

সংযুক্তি আপনাকে ক্ষতিগ্রস্থ করে তোলে।

বিচ্ছিন্নতা আপনাকে লাভবান করে তোলে। [১৪]

অহংকার, ক্রোধ ও ঘৃণা ত্যাগ করুন। মন নিয়ন্ত্রণ করুন।

যখন মেঘ চলে যায়, সূর্য জ্বলে।

পণ্ডিত, পশু, শ্রমিককে সমানভাবে দেখুন।

স্থিতিশীল হোন এবং আনন্দে বাস করুন। [১৫]

প্রিয় এবং অপ্রীতিকর, লালসা এবং লোভ,

যিনি অপরিবর্তিত, দেবতারা তাকে আলিঙ্গন করেন।

যিনি কর্মের ফল ত্যাগ করেন,

ঈশ্বর তার সমস্ত দায়িত্ব গ্রহণ করেন। [১৬]

নিঃস্বার্থ কর্ম (কর্মযোগ) হল ত্যাগ।

মন ভালো বন্ধু বা খারাপ শত্রু হতে পারে।

আমি সবার মধ্যে আছি কিন্তু তবুও আমি সংক্ষিপ্ত।

মন আমাকে ধরতে পারে, চোখ না। [১৭]

যে আমাকে মনে করে, সে সাধক হয়।

যদিও সে আগে পাপী ছিল কিন্তু সে পাপমুক্ত হয়ে যায়।

সে তার আত্মাকে রক্ষা করে এবং আমাকে দেখতে শুরু করে।

সমুদ্রের ঢেউয়েও সে স্বর্গ উপভোগ করে। [১৮]

যে চেষ্টা করে, সে জ্ঞানে আলোকিত হয়।

একজন কর্তব্যপরায়ণ ব্যক্তি, তপস্বী ও বিজ্ঞানীর চেয়েও বড়।

হাজার মানুষের মধ্যে একজন চেষ্টা করে।

এই জ্ঞান বিরল কেউ পায়।

বস্তুজগৎ এবং ইন্দ্রিয় হল অগ্নিকুণ্ড। [১৯]

সচেতন কাঠামো সৃষ্টি হিসাবে অনুভূত হয়।

বস্তুগত জিনিস দৃষ্টিতে অচেতন মনে হয়।

প্রকৃতির জন্ম হয় মেলামেশা থেকে।

আমার মধ্যে সুতোর মত পৃথিবী বোনা [২০]

আমি জলের তরলতা। আমি স্বর্গের শব্দ।

আমি আলোর আলো এবং পরিবর্তনের মধ্যে সেতু।

আমি মাটির গন্ধ। আমি মানুষের মধ্যে শক্তি।

ঋষিদের মধ্যে গুরুত্ব – আকর্ষন। সৃষ্টিতে বীজ।

অসংলগ্ন বল। উচ্চাকাঙ্ক্ষায় বিশ্বাস।

রোদে আগুন। পরিস্থিতিতে প্রজ্ঞা।

সম্প্রীতি, আবেগ, বিশৃঙ্খলা এগুলো সবই মায়া।

তারা আমার থেকে উদ্ভূত কিন্তু আমি তাদের মধ্যে নেই। [২১]

মায়ায় থাকা মানুষ মূর্খ অজ্ঞ।

চার ভক্ত বিদ্যমান।

জ্ঞানী, লোভী, কৌতূহলী, হতাশ।

প্রথমত বিচক্ষণ, অন্যরা ফল আশা করে। [২২]

প্রত্যাশা ছাড়া পূজা নিঃস্বার্থ আনন্দ।

পদার্থ, সৃষ্টি এবং প্রক্রিয়া হল অনুভূতি।

আত্মা জড়, কিন্তু দেহ নিযুক্ত।

ভাগ্য আপনার সমস্ত কার্যকলাপের স্বাভাবিক ফলাফল।

জিনিসের মেয়াদ শেষ হতে পারে। [২৩]

মানুষই সৃষ্টি। সৃষ্টিকর্তা ঈশ্বর।

যে আমাকে স্মরণ করে, সে যায় অন্তিম গন্তব্যে।

জীবনের পরের গন্তব্য প্রকৃতি অনুযায়ী।

আত্মাকে বিচ্ছিন্ন করে, কর্তব্যপরায়ণরা জয়ী হয় [২৪]

প্রত্যেকেরই আত্মার জগতে পুনর্জন্ম হয়।

যে আমাকে অর্জন করে,

সে দুষ্টচক্র থেকে পালিয়ে যায়।

জাগতিক দিনে অদৃশ্য থেকে জীবনের উৎপত্তি।

জাগতিক রাতে জীবন অদৃশ্য হয়ে যায়। [২৫]

যে আমাকে অর্জন করে,

সে আর ফিরে আসে না।

সে আকাঙ্ক্ষা হারিয়ে ফেলে,

তাই উপার্জনের কিছুই নেই।

যারা প্রথম চন্দ্র পাক্ষিকের মধ্যে মারা যায়,

তাদের পুনর্জন্ম হয় না।

যারা দ্বিতীয় চন্দ্র পাক্ষিকের মধ্যে মারা যায়,

তারা পুনর্জন্ম পায়। [২৬]

যুগে যুগে আমার মধ্যে পৃথিবী শেষ এবং শুরু হয়।

অতীতের প্রভাবের সাথে পুনর্জন্ম ঘটে।

আমি মুক্ত, কর্ম দ্বারা আবদ্ধ নই।

জ্ঞানী আমাকে ভোলেন না।

বোকারা আমাকে বোঝে না। [২৭]

আমিই পিতা, প্রকৃতপক্ষে ভরণপোষণকারী।

আমি কর্মের ফল দাতা।

উত্তপ্ত সূর্য, ঢালাও বৃষ্টি, অমর এবং মৃত।

আপনি প্রত্যাশা সঙ্গে বা ছাড়া পূজা করতে পারেন,

অবশেষে আমি কেবল সবকিছু গ্রহণ করি। [২৮]

আমি পাতা, ফুল, জল, ফল গ্রহণ করি।

আমি দুর্বলদের সর্বোচ্চ শক্তি দেই।

তাহলে ধার্মিক অনুসারীদের জন্য সন্দেহ কি?

যে আমাকে স্মরণ করে,

সে অবশ্যই আত্মরক্ষা করে। [২৯]

দেবতা বা ঋষি কেউই আমার উৎপত্তি ও কাজ জানেন না।

আমি অজাত, চিরন্তন সত্য।

আমি সকল জীবের মধ্যে আত্মা।

আমি একজন মানুষের বিবেক।

আমি প্রতিটি কর্মের শুরু, মধ্য এবং শেষ।

আমি সব গাছে পবিত্র বৃক্ষ।

গবাদি পশুতে স্বর্গীয় গরু। [৩০]

 গীতা শ্রীনিবাস

অদিতির ছেলেদের মধ্যে বিষ্ণু। রুদ্রতে শিব।

ক্ষত্রিয়দের মধ্যে রাম। দৈত্যতে আমি প্রহ্লাদ।

পশুদের মধ্যে একটি সিংহ। পাখিদের মধ্যে একটি ঈগল।

পাহাড়ে হিমালয়। নদীতে গঙ্গা। [৩১]

বিজ্ঞানে আধ্যাত্মিকতা। ঋষিদের মধ্যে ব্যাস।

সম্পদ, আলো, শক্তি। কবিদের মধ্যে শুক্র।

আমিই মৃত্যু। আমি সকলের বিনাশকারী।

তুমি যুদ্ধ কর বা না কর,

আমি আগেই সব শত্রুকে শেষ করে দিয়েছি। [৩২]

কিন্তু তুমিই প্রতীক। তুমি এগিয়ে যাও এবং যুদ্ধ কর।

কোনো রকম আনুগত্য ছাড়াই, কোনো উত্তেজনা ছাড়াই।

শাস্ত্র, আনুষ্ঠানিকতা, দান, ত্যাগের সীমা আছে।

আমাকে জানার জন্য প্রয়োজন অনন্ত ভক্তি। [৩৩]

যিনি আমার জন্য কর্ম করেন (কর্মযোগী),

যার শত্রুতা নেই, সে তাড়াতাড়ি মুক্তি পায়।

সে আগে ভালো বা খারাপ হতে পারে,

কিন্তু তিনি শেষ পর্যন্ত আমার মধ্যে একত্রিত হন। [৩৪]

অধ্যয়নের চেয়ে জ্ঞান বড়। জ্ঞানের চেয়ে ধ্যান বড়।

ফল ত্যাগ করলে শান্তি ও সুখ আসবে।

এই দেহ একটি ক্ষেত্র, মালিককে জায়গাটি জানতে হবে।

প্রকৃতি ও মানুষ পরস্পরের মধ্যে রয়েছে। [৩৫]

ঈশ্বরই একমাত্র সত্য, চিরন্তন জ্ঞান।

একজন অন্ধের জন্য, দরজাও বাধা।

আমি প্রকৃতির সাথে আঁকি। পৃথিবী একটি চিত্র।

আমরা একসাথে উৎপাদন,

আমরা প্রতিদিনের কাজ চালাই। [৩৬]

সম্প্রীতি, আবেগ, বিশৃঙ্খলা।

তিনটি বৈশিষ্ট্য মানুষের অন্তর্ভুক্ত।

যখন তুমি এ থেকে বেরিয়ে আসবে,

তখন তুমি আমার আসল রূপ দেখতে পাবে।

উপরে শিকড়, নীচে শাখা, জীবনের গাছ উল্টো।

ঈশ্বরের কাছ থেকে বীজ অঙ্কুরিত হয়।

এটি জীবনে রূপান্তরিত হয়। [৩৭]

কাম, ক্রোধ, লোভ ত্যাগ করুন।

জ্ঞানী জীবন (জ্ঞান-যোগ) ছদ্মবেশ মুক্ত।

বিশ্বাস ছাড়া দান অর্থহীন।

এটা পৃথিবী ও আকাশে গণনা করা হয় না। [৩৮]

ইচ্ছা ত্যাগ করুন। নিজেকে পবিত্র করুন।

কর্তব্যপরায়ণ আত্মা (কর্ম-যোগী) সর্বশ্রেষ্ঠ।

ঈশ্বর সকলের হৃদয়ে বাস করেন। মস্তিষ্ক ঘুরতে থাকে।

জ্ঞানের অভাব সমগ্র দুঃখের মূল। [৩৯]

সমস্ত দায়িত্ব পালনের সময়

মানুষের উচিত নিজেকে মানবতার জন্য দান করা।

তখন তিনি দুঃখ থেকে মুক্তি পান।

অতঃপর আমি তাকে পরম রূপ দেই।

একমাত্র দায়িত্ব আপনার হাতে।

শান্তভাবে এটি করতে থাকুন।

বিশ্ব যথারীতি যুদ্ধে লিপ্ত।

আপনি শুধুমাত্র আপনার নিজের দায়িত্বের জন্য দায়ী। [৪০]

কর্তব্যই লক্ষ্য, কর্তব্যই পথ।

কর্তব্য বিশ্রাম, কর্তব্য শেষ।

কর্তব্য হল কেন্দ্র, কর্তব্য হল পরিধি।

কর্তব্য হল ঈশ্বর এবং কর্তব্য হল স্বর্গ। [৪১]

* * *

 গীতা শ্রীনিবাস

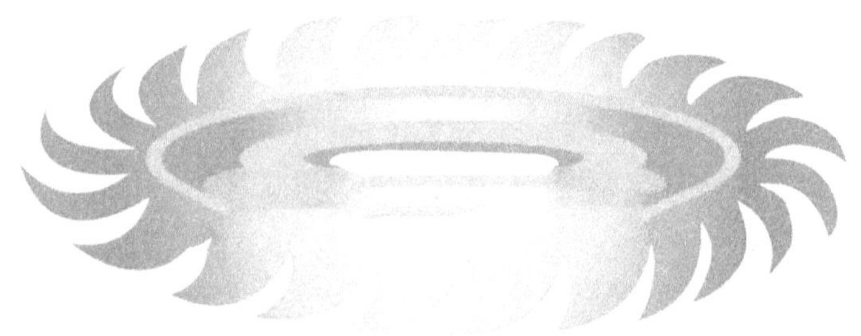

महाकाली की प्रेरणा से, सरस्वती के सन्निवास से।

श्री लक्ष्मी के सहयोग और श्रीनिवास के विश्वास से।

जो भगवदगीता पढ़ चुके है, उनके लिये यह न्यास है।

जिन्होंने अब तक न पढ़ा हो, उनके लिए प्रयास है। [1]

अर्जुन ने कहा,

नही चाहिये विजय - राज्य, भोग न चाहे पार्थ।

नही चाहिये युद्ध, और रक्तपात का चरितार्थ।

यह मेरा सगा - सहोदर, वह भी मेरा हितार्थ।

मेरे प्रभू मुझे बचालो, कर दो मुझे कृतार्थ। [2]

रक्त बहाकार क्या मिलेगा, जब बह जायेगा प्यार।

जीते जी मर जाऊंगा, न रहेगा कोई यार।

हाथ पैर फूल रहे है, मस्तक में अंगार।

शस्त्र त्यागकर मैं खड़ा हूं, बीच मझधार। [3]

श्रीकृष्ण ने कहा,

रुको अर्जुन, दुःख क्या है? युद्धक्षेत्र में सुख क्या है?

कौन आया जो इस जगत में, मृत्यु से बच पाया है।

दुर्बलता ग्रस लेने पर, जो तू संयम खोया है।

जिसको तू नित्य समझता, वह शरीर एक साया है। [4]

आभास त्यागकर देखो, हर ओर मोह - माया है।

अविनाशी मैं अंदर रहता, बाहर सिर्फ काया है।

मैं ही जीता, मैं ही मरता, तुमने क्या पाया क्या खोया है?

तुम क्यों अधीर और उदास, मन क्यों घबराया है? [5]

शरीर स्थायी कभी नहीं, आत्मा चिरंतन रहता है।

जान लो तुम उसको, अनजान ही पछताता है।

इन्द्रिय बुद्धि मन चंचल, मनुष्यको भटकाता है।

अपने मनको मुझसे बांध लो, यही आखरी न्योता है। [6]

कोई कभी भी नष्ट न होता, बस विचरण करता रहता है।

जिसे शरीर है दिखता रहता, अशरीर अनदेखा होता है।

बालक - युवा - वृद्ध अवस्था जानकर, जो मोह ना पाता है।

शीत - उष्ण सुख - दुःख सब, नश्वर जानकर सहता है। [7]

शरीर बदलता वस्त्र भांति, 'आत्मा ' नित्य यात्री है।

यह न भीगता न सूखता, न टूटता, न जलता है।

'ज्ञानयोग' यह, 'कर्मयोग' भी, आज तुम्हे बतलाता हूँ।

छोड़ अपेक्षा कर्म करना, फल अधिकार में न होता है। [8]

कर्मयोगी है निश्चयबुद्धी, कर्मरती निष्काम गुणसिद्धी।

पाप - पुण्य में समान शुद्धी, प्रीत भय क्रोध में 'स्थिरबुद्धि'।

विषय है इंद्रिय निवासी, विषयों से होती मोह - आसक्ति।

सम्मोह से क्रोध हो जाता, फिर बुद्धिनाश हो जाता है। [9]

अशांत मन बेचैन करेगा, विश्वासी मन करे शांत।

जग सोए तो जागे योगी, भोग है निद्रा एकांत।

इच्छा - ममता - अभिमान त्यागकर, ब्रह्मको गाँठ।

संयम आत्मा को दिखलाता, कर देता ब्रह्मान्त। [10]

सभी संदेह त्यागकर, 'कर्मयोग' को करना है।

यज्ञ - अनुसार भोग लगाकर, यज्ञदेव को रीझना है।

कर्म सदोष होने पर भी, सहजता से करना है।

जैसे अग्नि में धुआँ, हर आरम्भ में दोष का रहना है। [11]

मन इन्द्रियों से बलवान, मन से बुद्धि बलशाली है।

बुद्धि से आत्मा, फिर परमात्मा, इन्द्रिय दमन में शान्ति है।

जब - जब हुआ धर्मविनाश, मेरा आना - जाना है।

सज्जन को तर दुष्ट हराना, पुनःपुनः दोहराना है। [12]

मैंने सूर्य को सिखलाया, मनु - इक्ष्वाकु ने अपनाया है।

'ज्ञानयोग' है चिर सनातन, आज तुम्हे फिर बतलाना है।

कर्मों को मुझमें अर्पण कर, तुझे कर्मरहित बन जाना है।

कर्म का बंध जब टूटे, 'ज्ञानयज्ञ' स्थापित होना है। [13]

'कर्मयोग' के रथ सवार जो, फल त्यागकर चलता है।

कर्मसंन्यास योग से भी, अंत यही फल पाता है।

जल में रहकर कमलपत्ता, कभी न भीग पाता है।

स्थिर मन जो जीता, कर्म से अलग हो जाता है। [14]

क्रोध - द्वेष - सम्मोह त्यागकर, अहंकार को खोना है।

अज्ञान के परदे को हटाकर, सूर्य को चमकाना है।

पंडित - गाय - हाथी - कुत्ता - चांडाल सब को संजोना है।

स्थिरबुद्धि होकर ही, विश्वयुद्ध को ढोना है। [15]

प्रिय - अप्रिय वैसे ही जिसको, काम - क्रोध मिट जाता है।

यज्ञदेवता भी उसको, सीने से लगवाता है।

जो कर्मफल का त्यागी, वह सन्यासी - योगी है।

अग्नित्याग से न सन्यासी, क्रियायोग से न योगी है। [16]

निष्काम कर्म योगमय करता, संकल्पत्याग कल्याण।

मन ही मित्र जब वशित हो, मन बैरी जब हैवान।

जो सबको मुझमें ही देखे, जो मुझमें सब को ले जान।

लुप्त नहीं हूं मैं उस को, वह भी मुझको न अनजान। [17]

मुझे याद कर कर्म जो करता, दुर्जन हो या नीच।

वह भी फिर साधु बन जाता, दुष्कर्मों के बीच।

आत्मा के उद्धार की कोशिश, खुद को ऊपर खिंच।

योगभ्रष्ट भी स्वर्गसुख लेता, वैराग्य ले ज्ञान को सींच। [18]

जो बार - बार कोशिश करता, समभाव ज्ञान जो रखता है।

तपस्वी और वैज्ञानिक, दोनों से बढ़कर योगी होता हैं।

हजारो में एक सोचता, कोई एक कर पाता है।

पृथ्वी - जल - अग्नि - वायु - आकाश, मन - अहं - बुद्धि अचेता है। [19]

चेतन रूप मेरा दूजा, जो जीव धारणा करता है।

अपरा अचेतन होते हुए भी, चेतन परा बन जाता है।

इनसे प्रकृति जन्म लेति, उत्पत्ति - विनाश भी होता है।

एक धागे की तरह मुझमे, ब्रह्मांड बुन जाता है। [20]

जलमें रस, दीप्ती ओज में, वेदों में ओम, शब्द व्योम में।

पुरुष में पौरुष, गंध पृथ्वी में, मुनियो में तप, बीज सजीव में।

निर्लिप्त बल, धर्म काम में, तेज अग्नि मे, बुद्धि चतुर में।

सत्त्व - रज - तम इस माया में, मुझसे निर्मित पर मैं न इनमें। [21]

असुर - अज्ञानी - मायावश, मूर्ख बनकर खोता है।
अर्थार्थी - आर्त - जिज्ञासु - ज्ञानी, चार भक्त बुलाता है।
चौथा ज्ञानि जो पूर्ण रूपसे, मुझमें ही समाता है।
जो सकाम भक्ति में लित, नश्वर फल वह पाता है। [22]

जो निष्काम कर्म करता, ब्रह्म अध्यात्म अपनाता है।
अधिभूत - अधिदैव - अधियज्ञ जानकर, मुझे न भूल पाता है।
ब्रह्म अविनाशी होकर भी, जीव अंधकार में सोता है।
कर्म है स्वभाव सजीव का, हर पदार्थ अधिभूत में आता है। [23]

पुरुष अधिदैव कहलाता, अधियज्ञ खुद ईश्वर है।
जो अन्तकाल में मुझे स्मरे, वह मुझमे ही तत्पर है।
स्मरण जिसे कर शरीर त्यागता, गंतव्य उसपर ही निर्भर है।
'ॐ' अक्षर का स्मरण कर, योगी उच्चतम स्तरपर है। [24]

ब्रह्मलोक तक हर कोई, पुनर्जन्म लेता है।

मुझे प्राप्त स्थिर हो जाता, न जन्म न मृत्यु पाता है।

ब्रह्माके प्रात: सूक्ष्म जगत से, जीव जन्म लेता है।

ब्रह्माकी रात्रि में जीव अन्तत:, सूक्ष्म अणु बन जाता है। [25]

जो परमगति प्राप्त कर लेता, कभी न नष्ट होता है।

अव्यक्त में समाया, कभी न लौट आता है।

'शुक्लपक्ष' में मृत्यु पाता, ब्रह्ममिलित हो जाता है।

'कृष्णपक्ष' में जो मरता, पुनः जन्म हो जाता है। [26]

कल्पांत में मुझमें समाया, कल्पारम्भ में जीवित होता है।

माया के प्रभाव में, कर्मअनुसार पुनर्जन्म लेता है।

कर्म से लिप्त नहीं हूं मैं, मुझे कर्म न बांध पाता है।

मूर्ख मुझको नहीं समझता, ज्ञानी भूल न पाता है। [27]

जग को धारण करता, पालनपोषण करता।

कर्मफल का दाता हूँ, मैं वेदों का परमपिता।

तपता सूरज, घनघोर बारिश, अमर - मृत, सत - असता।

सकाम - निष्काम पूजा दोनों, मैं दोनों का उपभोक्ता। [28]

मुझे अर्पित पत्ते - फूल - फल - जल स्वीकृत करता।

स्त्री - वैश्य - शूद्र - चांडाल, सब को परमगति देता।

फिर गुणवान ब्राह्मण, राजऋषि, भक्त क्या कहता?

जो मुझे याद करता, मुझमें ही बस जाता। [29]

मेरी उत्पत्ति और लीला, संयोगवश बन जाता हूँ।

मैं अजन्मा - अविनाशी, खुली एक पहेली हूँ।

सभी सजीवो मे चेतना, आदि - मध्य - अंत मैं ही हूँ।

वृक्षों में 'पीपल' छाया, गायों में 'कामधेनु' मैं ही तो हूँ। [30]

अदिति के पुत्रों में 'विष्णु', रुद्रों में 'शंकर' भी हूँ।

क्षत्रियों में 'राम' और दैत्यों में 'प्रहलाद' भी हूँ।

प्राणियों में 'सिंह', पक्षियों में 'गरुड़' भी हूँ।

पहाड़ों में 'हिमालय', और नदियों में 'गंगा' भी हूँ। [31]

विज्ञानों में 'अध्यात्म', ऋषियों में 'व्यास' मैं हूँ।

कवियों में 'शुक्र', ऐश्वर्य - कान्ति - शक्ति मैं हूँ।

मृत्यु का कंकाल, इन सबका संहार 'महाकाल' मैं ही हूँ।

बिना तुम्हारे इन सब का 'अंतःकाल' भी मैं ही हूँ। [32]

तुम हो ही केवल नाममात्र, क्षत्रिय सिर्फ युद्धके पात्र।

'कर्मयोग' के बनकर छात्र, मुझमें बस जाओ एक मात्र।

वेदों से - तप से - दान - यज्ञ से, मेरी समझ असंभव है।

भक्ति से मेरे दर्शन सहज, ज्ञानी भक्ति में लीन रहे। [33]

मेरे लिए कर्म जो करता, मुझमें आश्रित आसक्ति - बिना।

किसी शत्रु से रुख नहीं रखता, मुक्त हो जाता कष्ट - बिना।

सगुण हो या निर्गुण हो, भक्ति मुझको ही पाती है।

सगुण सहज है, निर्गुण कठिन, सगुण श्रेय कहलाती है। [34]

अध्ययन से ज्ञान परम, ध्यान से फलत्याग परम।

त्याग से सुखशांति है, उस में तुम सुखी रहो।

यह शरीर एक क्षेत्र है, 'क्षेत्रज्ञ' बनकर रहो।

विकार - प्रकृति - पुरुष जान, अध्यात्म में तुम जुटे रहो। [35]

शाश्वत सिर्फ परमात्मा, उसे देखना ज्ञान।

आंख बंद कर कर्म, वह परम - अज्ञान।

प्राणियों की उत्पत्ति, मैं और मेरी प्रकृति।

पिता - माता तुम जान, परमगति यह ज्ञान। [36]

 गीता श्रीनिवास

सत्त्व - रज - तम, मनुष्य त्रिगुण है।

यम - नियम कठीन, पर सहज भक्ति है।

ऊपर जड़ नीचे शाखाएं, उल्टा जीवनवृक्ष है।

ईश्वर से बीज निकलता, और सजीवो में शाखा है। [37]

काम - क्रोध - लोभ त्यागकर, नरकद्वार जो होते है।

जीवन जीता मुझमें रहकर, अंतमें मुझमें ही मिलता है।

बिना श्रद्धा किया दान - तपस्या भी निष्फल है।

इहलोक में भी पुण्य नहीं, परलोक भी न फलता है। [38]

'कर्मफल' का मोह त्याग, जो सत - न्यासी बन जाता है।

सन्यासी बनकर, योगी पावन हो जाता है।

ईश्वर सभी प्राणियों के हृदय में सन्निवास करता है।

मोहित प्रत्येक जीव माया के, यंत्रयान पर चलता है। [39]

सारे कर्म अर्पित कर, जो खुद को भी अर्पण करता है,

शोक मुक्त होकर ही, वह परमपद पाता है।

अकर्म त्याग कर्म करे, त्याग भी उसको फलता है।

भवसागर भी होता पार, संसार - युद्ध विजयता है। [40]

कर्तव्य लक्ष्य है, कर्तव्य पथ है।

कर्तव्य विश्राम है, कर्तव्य अंत है।

कर्तव्य केंद्र है, कर्तव्य परिधि है।

कर्तव्य ही ईश्वर और कर्तव्य ही स्वर्ग है। [41]

* * *

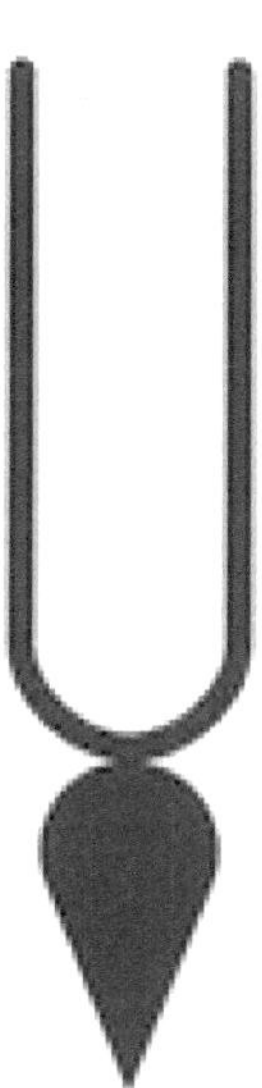

With the insight of Mahakali, abode of Saraswati,

Help of Sri Lakshmi and the faith of Srinivas.

For those who have read 'Geeta', it's just a short,

For those who haven't, it is a start. [1]

Arjun said,

I don't want kingdom, I don't want war,

I don't want victory and bloodshed, I am not for.

This is my brother, this is my elder,

This is my friend, I don't mind surrender. [2]

What will be gained by shedding blood?,

I see everyone turning in flesh and mud.

My hands are shaking and legs tremble.

I abandon weapons, stand in middle. [3]

Shri Krishna said,

Why are you unstable in field of battle?

What is the sorrow, full of rattle?

What is the body? You think eternal?

Is it your weakness, which not let you settle? [4]

Leave the illusion and give up the pride,

Immortal I am, who live inside.

You can see yourself as body outside.

Open your conscious and see me hide. [5]

I am the one, who you should know.

I am eternal, who runs world's show.

I am in – out, up – below.

Stop thinking, so much low. [6]

One never gets wiped out, just pass by.

With body is visible, without body standby.

Childhood – youth – old age, one should not cry.

Heat – cold mortal, same sorrow – joy. [7]

The body is a garment, the soul a migrant.

Soul doesn't wet, dry, break, or burn.

This is the knowledge, everything to learn.

Do your duty, not expect any return. [8]

A 'dutiful' man is equal - firm, both in virtue – sin.

Steady in love – fear – anger, peaceful – stable within.

With the senses, attachment begin,

Restraining angers, then intellect ruin. [9]

A dutiful (karma yogi) awakes even at night

Doubt makes anxious, belief delight.

Abandon desire – affection – pride.

Restrain makes emotions aside. [10]

Give up all doubts, carry on things,

Summer – fall – winter, followed by springs,

Some things are natural, one later wrong thinks.

With fault all begins, like in fire smoke blinks. [11]

Mind is strong, senses stronger,

Conscious control, makes peace linger.

With sin faiths die, With me revive.

I come to end up injustice, gentelmen survive. [12]

I told the Sun first, who told Man (Manu),

Truth is eternal, know one can.

Surrendering deeds, makes one contain.

Lust gets broken and wisdom reign. [13]

With dutifulness (karma yoga), you sacrifice deeds.

Doing nothing, nowhere leads.

Never wets in water, lotus leaves,

Attachment loses, detachment achieves. [14]

Abandon ego – anger – hatred, control the mind,

Remove the veil, make sun shine.

See scholar – animal – labour as one.

Be stable and live in fun. [15]

Dear – Unpleasant, lust – incense.

One who is constant, gods embrace.

One who sacrifices fruits of deeds,

Gods take over all his bids. [16]

Self less work (karma yoga) is sacrifice.

Mind can best friend or worst vice.

I am in everyone, still concise.

Mind can catch me, not the eyes. [17]

One who thinks me, evil – mean may he be

Turns into a saint, misdeed free.

Saves his soul, starts foresee.

Enjoys heaven, in waves of sea. [18]

He who tries, becomes wisdom lit.

A dutiful beats ascetic and scientist.

One in a thousand tries, one knows this.

Material and senses are firepits. [19]

Conscious form is perceived as creation.

Matter seems unconscious in vision.

Nature takes birth from association.

In me like a thread, world is woven. [20]

I am the flow in water, word in heaven.

Glow in light, and link in transition.

Smell in earth, might in man.

Gravity in sages, seed in creation.

Unattached force, faith in ambition.

Fire in sun, Wisdom in situation.

Harmony – passion – chaos, in this illusion,

Derived from me but I am not in relation. [21]

Man in illusion is fool ignorant.

Four devotees are prevalent.

Wise – Greedy – curious – desparate.

First is prudent, Rest fruit expect. [22]

Fruitless worship is selfless joy.

Matter – creation – operation is a vibe.

Soul is inert, but body employ.

Fate is the nature, things can die. [23]

Man is creation, operator is god.

One who remembers me, goes at par.

After life destination is as per nature.

Detaching soul, dutifuls conquer. [24]

Everyone is reborn in world of spirit.

He who attains me, escapes circuit.

Life buds from unseen in cosmic light,

Life shrinks to unseen in cosmic night. [25]

One who attains me, never return,

Lose want, lose desire, so nothing to earn.

Those die in first lunar fortnight, adjourn.

Those die in second lunar fortnight, reborn. [26]

World ends and begins in me with ages.

Rebirth occurs with past influences.

I am free, not bound by deeds.

Wise don't forget me, fools don't realize. [27]

I am the Bearer – Father – Sustainer indeed.

I am the giver of the fruits of deed.

The hot sun, the pouring rain, the immortal and dead,

Worship with – without expect, I am the receiver head. [28]

I accept leaves – flowers – water – fruits.

I give supreme power to feebles and weaks.

Then what is the doubt for follower pious.?

He who remembers me, surely conserves. [29]

Neither gods nor sages know my origin – act.

I am unborn – imperishable – eternal fact.

Soul in all life, conscience, onset – mid – finale.

'Sacred fig' in trees, 'celestial cow' in cattle. [30]

'Vishnu' in Aditi's sons, 'Shiva' in Rudras,

In Kshatriyas is 'Rama', in Daityas is 'Prahlad'.

A 'lion' in beasts, an 'eagle' in birds,

'Himalayas' in mountains, 'Ganges' in rivers. [31]

'Spirituality' in sciences, 'Vyasa' in the sages,

Wealth – light – energy, 'Shukra' among the poets.

Destroyer 'Mahakal', I am the destroyer of all,

Whether you fight or not, I have finished them all. [32]

But you are the symbol, go ahead and fight,

Without attachment, without excite.

Scriptures, formalities, charity, sacrifices limit.

Knowing me just requires devotion infinite. [33]

He who does deeds for me (karma yogi).

Without enmity, gets soon free.

Good or bad before, may he be,

Dissolves ultimately in me. [34]

Knowledge than study, meditation than knowledge,

Renunciation of results, brings Peace and happiness.

This body is a field, the fielder should know place.

Nature and man with disorders is interlace. [35]

God is the only truth, eternal knowledge.

For a blind – closed eyes, gate also is blockage.

I and my nature draw, world is an image.

We produce together, to run the mileage. [36]

Harmony – Passion – Chaos, three traits conform.

Once come out of this, you will see my true form.

Root above, branch below, tree of life upside down.

Seed from God, spreads out and life transform. [37]

Abandoning lust – anger – avarice.

Knowledged life (Jnana yoga) is free of guise.

Donation without faith is entice.

Does not count on earth and skies. [38]

Give up desires, make yourself clean

Dutiful soul (karma yogi) is most supreme.

God resides in heart of all, brain keeps wandering.

Lack of knowledge is the root of whole suffering. [39]

While doing all duties, one who himself alm,

He is freed from grief, I give him supreme form.

Only duty is in your hand, keep doing it with calm.

World is at war as usual, 'dutifulness' is the charm. [40]

Duty is path, duty is aim.

Duty is rest, duty is end.

Duty is periphery, duty is center.

Duty is god and duty is heaven. [41]

* * *